© **2020 Ellis H. Potter**

Das Werk, einschließlich seiner Teile, ist urheberrechtlich geschützt. Jede Verwertung außerhalb der Grenzen des Urheberrechts ist ohne Zustimmung des Verlages unzulässig. Das gilt insbesondere für die elektronische oder sonstige Vervielfältigung, Übersetzung, Verbreitung und öffentliche Zugänglichmachung. Ausgenommen sind kurze Zitate innerhalb von kritischen Artikeln und Buchrezensionen. Weitere Informationen: info@destinee.ch

ISBN: 978-1-938367-02-1

Verlag: Destinée S.A. destinaamedia.com
Titel der englischen Originalausgabe:
The Cloud of Knowing
Redaktion: Peco Gaskovski
Umschlagkonzept: Katherine Wolff
Umschlag und Innenteil: Per Ole Lind
Aus dem Amerikanischen von Markus Thiel

Alle Rechte liegen beim Autor.

DREI ELEMENTE

Dieses Buch besteht aus drei Elementen – Prosa, Poesie und bildende Kunst. Man kann sie auch als das intellektuelle, das empirische und das seherische Element bezeichnen. Damit jedes dieser Elemente für sich selbst sprechen kann und sie sich gegenseitig unterstützen können, wurde weder die Poesie noch die bildende Kunst besonders erläutert. Beachte während der Lektüre dieses Buches, wie diese drei Elemente auf einander eingehen und sich gegenseitig ergänzen.

Illustration zu "Die Wolke des Nichtwissens", **unbekannter Künstler**

VOR DEM LESEN

Für diejenigen unter den Lesern, welche aufgrund religiöser Überzeugungen oder Grundannahmen davon ausgehen, dass es nichts Übernatürliches in der Realität gibt, wird für das Verständnis dieses Buches ein Paradigmenwechsel notwendig sein, der einem Menschen gleichkommt, der zwar farbenblind ist, aber eine Brille aufsetzt, die ihm erlaubt, Farben zu erkennen. Denjenigen unter den Lesern, die bereits die religiöse Überzeugung bzw. Grundannahme teilen, dass die Realität einen übernatürlichen Teil hat, wird dieses Buch zu größerer Klarheit und tieferem Verständnis dieses Glaubens verhelfen.

– E.H.P.

*Kupferstich der Merkabavision des Ezechiel, **Matthäus Merian** (1593-1650)*

WIDMUNG

Dieses Buch ist den Menschen der International English Speaking Church of Lausanne gewidmet, die es durch ihr Fragenstellen nach meinen Predigten dort inspiriert haben.

Josua überquert den Jordan mit der Bundeslade, **Benjamin West** (1738-1820)

1

BEACHTE

Die Wolke des Nichtwissens ist ein Buch darüber, wie man Gott näher kommen und Ihn erfahren kann. Es wurde von einem englischen Mystiker im 14. Jahrhundert verfasst. Ein Mystiker ist jemand, der sich der übernatürlichen Dimensionen der Wirklichkeit bewusst ist und sie erfahren hat. Die meisten Mystiker glauben, dass die übernatürlichen Dimensionen wirklicher sind als die natürlichen Dimensionen, dass ihre Visionen und Erfahrungen realer sind als das Backen von Brot oder das Wechseln von Windeln. Der Autor der Wolke des Nichtwissens hat höchstwahrscheinlich das erfahren, was die Bibel die „Wolke" nennt: die Wolke des Exodus und der Durchquerung der

Illustration zu "Die Wolke des Nichtwissens", **unbekannter Künstler**

Wüste, die Wolke der Gegenwart Gottes im Allerheiligsten und im Tempel, die Wolke der Verklärung, Himmelfahrt und Erscheinung. Er oder sie nahm diese Erfahrungen und beurteilte und erklärte sie auf Grundlage von platonischen und/oder gnostischen Grundannahmen und kam zu dem Schluss, dass wenn man das Übernatürliche wahrhaftig erfahren möchte, man alles vergessen bzw. „nichtwissen" muss, was die natürliche Dimension der Wirklichkeit betrifft. Die platonischen und gnostischen Weltanschauungen gehen davon aus, dass die Wirklichkeit in eine untere Hälfte und eine obere Hälfte aufgeteilt sind, und dass wir uns für die obere Hälfte entscheiden sollten. Gnostische Anschauungen können bei Christen zu der Annahme führen, dass die untere Hälfte bzw. die Schöpfung vollkommen schlecht ist und verdrängt werden muss, damit wir sie transzendieren und in der oberen Hälfte bei Gott leben können, oder dass unsere Seelen gerettet sind und sich bei Gott in der oberen Hälfte befinden, so dass es egal wird, was wir hier in der unteren Hälfte tun. Die Bibel macht deutlich, dass es übernatürliche Dimensionen gibt, aber sie ist auch deutlich darin, dass diese nicht realer sind als die natürlichen. Eine wesentliche Gemeinsamkeit von Weihnachten und Ostern ist, dass beide körperlich waren und in der natürlichen Dimension stattfanden. Die Wolke, von der die Bibel spricht, ist eine Schnittstelle zwischen diesen beiden Dimensionen. Sie hilft uns, die Wirklichkeit vollständiger zu erfassen. Ich werde sie „Die Wolke des Wissens" nennen.

Die Wolke des Wissens unterscheidet sich von der Cloud (= Wolke im Englischen,

Anm. des Übers.) des Internets, denn sie ist nicht virtuell, sondern real. Sie ist kein Ort, um Dinge aufzubewahren, sondern eine Schnittstelle zwischen dem Sichtbaren und dem Unsichtbaren. Sie verbindet den Teil der Wirklichkeit, den man wissenschaftlich erfassen kann, mit dem Teil, den die Wissenschaft nicht erfassen kann.

Die Wirklichkeit beinhaltet sowohl die natürlichen als auch die übernatürlichen Dimensionen, also nicht nur die eine oder die andere. Viele Studenten fragen mich: „Was ist Wirklichkeit?" Das ist eine gute Frage. Die Wirklichkeit ist das, was bzw. wer Gott ist, was Er tut und was Er will. Das beinhaltet selbstverständlich auch dich, denn Gott will, dass es dich gibt, und Er möchte, dass du vollständig wirklich bist. Alles, was außerhalb dessen stattfindet, wer Gott ist, was Er tut und was Er will, ist weniger wirklich, weil es ein Zerrbild, eine unhaltbare Abweichung oder Rebellion gegen die echte Wirklichkeit ist. Es ist nicht beständig oder ewig und wird vergehen wie ein Traum oder eine Rauchschwade. Unser Leiden ist keine Einbildung, aber es wird in der Ewigkeit nicht existieren, und es ist nicht das, was Gott will. Nur das, was vollständig wirklich ist oder „heilig", und diejenigen, die vollständig wirklich oder „heilig" sind, werden für immer Bestand haben.

Die Wirklichkeit wird auf unterschiedliche Art in zwei Bereiche geteilt. Die eine Art ist die Unterscheidung zwischen geschaffener Wirklichkeit und ungeschaffener Wirklichkeit. Die ungeschaffene Wirklichkeit besteht aus Gott. Sie beinhaltet Persönlichkeit, Sprache, Beziehungen, Dynamik, Bedeutsamkeit,

Entscheidungen und mehr. Die geschaffene Wirklichkeit besteht aus allem Anderen und ist wiederum in zwei Bereiche geteilt. Der eine Bereich ist Raum, Zeit und Energie. Er beinhaltet somit Steine, Bäume und Menschen und wird oft als der „natürliche" Bereich bezeichnet. Der andere Bereich enthält Engel, und zwar sowohl die treuen als auch die untreuen, und Energien und Dimensionen, welche von der Naturwissenschaft nicht erfasst werden können. Er wird oft als der „übernatürliche" Bereich bezeichnet. Weil diese Wirklichkeit (sowohl die natürliche als auch die übernatürliche) von der ungeschaffenen Wirklichkeit erschaffen wurde, ist sie auch ein Ausdruck ihrer Eigenschaften, wie z.B. Persönlichkeit, Sprache usw. Die geschaffenen und die ungeschaffenen Bereiche gehören zusammen.

Die beiden Bereiche der geschaffenen Wirklichkeit weisen Gemeinsamkeiten und Unterschiede auf. Eine dieser Gemeinsamkeiten ist, dass sie beide dynamisch sind und in einer Matrix der Abfolge, der Sequenz funktionieren. Eine Matrix ist eine Atmosphäre, in welcher etwas stattfindet. Die Matrix von Tee ist Wasser. Tee findet in Wasser statt. Die Matrix von Tönen ist Luft. Die Matrix von Email ist Cyberspace. Die beiden Bereiche der geschaffenen Wirklichkeit sind vereinfacht gesagt natürlicher Raum und übernatürliche Dimensionen. Die Matrix von Sequenz (Veränderung, vorher und nachher, Dynamik) im natürlichen Raum ist Zeit. Ereignisse finden in der Zeit statt oder eben nicht. Die Matrix von Sequenz außerhalb des natürlichen Raums ist Ewigkeit. Ewigkeit bedeutet nicht eine unendlich lange Zeit. Es ist eine vollkommen andere Matrix, und das bedeutet, dass zu jedem Ewigkeits-Punkt alle Zeit-Punkte gegenwärtig sind. Diese Tatsache kann uns dabei helfen, 2. Petrus 3,8 zu verstehen, wo es heißt, „dass ein Tag vor dem Herrn wie tausend Jahre ist und tausend Jahre wie ein Tag." Letztendlich werden Zeit und Ewigkeit miteinander verschmelzen und alles, was wirklich oder heilig ist, wird in der vereinten Matrix funktionieren.

Die Bibel spricht oft von der Wolke und nennt sie manchmal Licht, Feuer oder Dunkelheit. Die Wolke ist eine Schnittstelle, die es Menschen ermöglicht, des Bereiches der Wirklichkeit gewahr zu werden, der in den nicht-räumlichen Dimensionen liegt. Weil sie Menschen mit unbekannten und bislang nicht erfahrenen Dimensionen verbindet, beschreiben sie ihre Erfahrung auf unterschiedliche

Weise. Nichträumliche Dimensionen in einer Sprache der räumlichen Dimensionen zu beschreiben, ist recht schwierig. Wer die Wolke erfahren hat, bezeichnet sie ganz unterschiedlich, z.B. als „brennender Dornbusch", „Wolken- oder Feuersäule", „blendendes Licht", „Engel", „feuriger Wagen", „Thronwagen", „brennender Berg" oder „Erdbeben". Üblicherweise reagieren die Menschen auf die Erfahrung der Wolke, indem sie niederfallen (manchmal wie tot) oder knien. Einem bislang nicht erlebten Bereich der Wirklichkeit ausgesetzt zu werden ist ein Schock.

Die Wolke ist sowohl bidirektional als auch unidirektional. Die offenbarende und bevollmächtigende Wolke erfährt man nur auf Einladung. Wenn jemand einen Weg findet, um in die Wolke einzubrechen, endet das meist mit dem

Tod, wie bei Nadab und Abihu (4. Mose 3,4). Oft warnte Gott die Israeliten: „Kommt nicht näher" (ohne Einladung und Vorbereitung). Die Wolke und das Übernatürliche sind nichts, was wir uns einfach mit einer entsprechenden Technik nehmen können. Sie sind Geschenke, die manchen schon jetzt gegeben werden, letztendlich aber allen in der Fülle verheißen sind. Das Einbrechen in die Wolke wird als „Magie", „Schamanismus", „Hexerei" oder „Zauberei" bezeichnet. All das ist in der Bibel verboten. Manchmal öffnet Gott die Wolke für Menschen und lädt sie ein, „sich zu nähern" oder „herauf zu kommen". Dann bewahrt er sie in dieser außergewöhnlichen Erfahrung. Wenn Menschen in die Wolke jedoch einbrechen, können sie diese Erfahrung manchmal nicht überleben.

Das Bidirektionale dagegen ist im Grunde genommen das Gebet. Wenn wir sagen, „Lieber Gott", dann öffnet sich die Schnittstelle und wir sprechen in die Ewigkeit hinein. Wir befinden uns stets in der Gegenwart des Übernatürlichen, in der Gegenwart Gottes und der Ewigkeit. In der Bibel werden wir ermutigt, uns immer diese Tatsache vor Augen zu halten. Die Wirklichkeit der Wolke bedeutet, dass Gott immer für uns gegenwärtig ist. Gebet bedeutet, dass wir mit dem Chef der Firma im gleichen Raum arbeiten. Wir können immer mit ihm sprechen. Während der Arbeit vergessen wir vielleicht, dass Er da ist, aber nicht lange. Seine Gegenwart ist für uns Halt gebende Stütze und Orientierung. Wenn wir den Chef ignorieren und schlampige, faule oder schädliche Arbeit leisten, wird Gott die Firma (das Königreich) bewahren und wir werden die Verlierer sein.

Die Wolke ermöglicht Vieles: Prophetie, Offenbarung, Inspiration, Visionen, Gaben, Träume, Gottes Stimme hören und mehr. Als im April 2015 mein 67. Geburtstag näher rückte, hielt ich es für an der Zeit, weniger zu reisen, etwas die Geschwindigkeit rauszunehmen und mehr zu schreiben. Ein paar Tage später hörte ich eine Stimme im Schlaf. Es war eine maskuline, ruhige Stimme mit eher hoher Tonlage, die mir deutlich sagte: „Du hast einen guten Verstand. Bereise die Welt und hilf anderen Menschen zu denken." Ich erwachte und sagte, „OK". Interessanterweise habe ich nicht nach Gottes Stimme gehorcht (im Sinne von „auf Gottes Stimme warten", Anm. d. Übers.). Wenn ich über die vielen Situationen in der Bibel nachdenke, bei denen Menschen Gottes Stimme gehört haben, scheint mir, dass auch sie nicht nach Gottes Stimme gehorcht haben. Sie scheint eher überraschend zu kommen.

Manchen Menschen sind hinsichtlich der Wolke begabter bzw. ihr gegenüber empfindsamer als andere. Während der ganzen Geschichte und auf der ganzen Welt haben Menschen die Wolke ganz unterschiedlich erfahren und interpretiert. Viele schlussfolgern aus ihrer Erfahrung des Übernatürlichen, dass es eine übernatürliche Wirklichkeit gibt, und das sie wirklicher ist als diejenige, die wir normalerweise erfahren. Sie glauben dann, dass die Wirklichkeit von Raum und Zeit nur eine Illusion ist, und dass wir alles transzendieren oder vergessen („nichtwissen", Anm. d. Übers.) müssen, um in eine „höhere" Wirklichkeit vorzudringen. Vielleicht entwickeln sie Übungen, um diese Transzendenz zu erreichen. Oft sind diese Erfahrungen und Übungen therapeutisch (bauen Stress ab, fördern Schlaf und Konzentration, vermitteln ein Gefühl der Verbundenheit), aber sie können uns nicht dabei helfen, vollständig wirklich zu werden. Nur Jesus Christus kann das. Erfahrungen des Übernatürlichen können uns nicht erretten. Die Bibel ist hier ganz deutlich: Die Wirklichkeit beinhaltet sowohl das Natürliche als auch das Übernatürliche. Wie bereits erwähnt, sind Weihnachten und Ostern ausgesprochen körperlich. Der verherlichte Auferstehungsleib von Jesus war für 40 Tage körperlich, und er berührte, aß, diskutierte, arbeitete, war kreativ und übte Gastfreundschaft. Sein Körper funktionierte auch in den anderen Dimensionen, erschien und verschwand und „teleportierte". Es war vollkommen wirklich, nicht nur übernatürlich.

Uns der Wolke bewusst zu sein kann uns daran erinnern, dass die Wahrheit nicht auf reine Fakten reduziert werden kann, sondern auch Bedeutung oder Beziehungen beinhaltet. Sie kann nicht auf den natürlichen oder übernatürlichen Teil der Wirklichkeit reduziert werden, sondern beinhaltet beides. Die Wahrheit Gottes ist eine ganze und lebendige Wahrheit.

2

DIE WOLKE UND DIE FRÜHKIRCHE

Viele Leute in der Frühkirche waren Griechen. Sie kamen aus einer Kultur, die wesentlich durch den Transzendentalismus des Platonismus und der frühen Gnosis geprägt war. Und somit brachten sie dieses Gepäck ganz natürlich (nicht geistlich) mit in die Kirche. Die Apostel ließen sich auf diese Strömungen nicht ein, und fast alle Briefe des Neuen Testamentes kämpfen gegen die Vorstellungen des Platonismus und der Gnosis. Ein Beispiel für diesen apostolischen Kampf sehen wir in Kolosser 2,18-19:

18. Lasst euch den Siegespreis von niemandem nehmen, der sich gefällt in Demut

Mose und der brennende Dornbusch, **byzantinisches Mosaik**

und Verehrung der Engel und sich dessen rühmt, was er geschaut hat, und ist ohne Grund aufgeblasen in seinem fleischlichen Sinn 19. und hält sich nicht an das Haupt, von dem her der ganze Leib durch Gelenke und Bänder gestützt und zusammengehalten wird und wächst durch Gottes Wirken.

Ein weiteres Beispiel finden wir im 1. Johannes 4,1-3:

1. Ihr Lieben, glaubt nicht einem jeden Geist, sondern prüft die Geister, ob sie von Gott sind; denn viele falsche Propheten sind hinausgegangen in die Welt. 2. Daran erkennt ihr den Geist Gottes: Ein jeder Geist, der bekennt, dass Jesus Christus im Fleisch gekommen ist, der ist von Gott; 3. und ein jeder Geist, der Jesus nicht bekennt, der ist nicht von Gott. Und das ist der Geist des Antichrists, von dem ihr ge-

hört habt, dass er kommen werde, und er ist jetzt schon in der Welt.

Beide Schriftstellen ringen für ein Verständnis und eine geistliche Praxis, die immanent sind und nicht nur transzendent.

Die Verbreitung des Platonismus und der frühen Gnosis in der ersten Generation der Kirche ist ein Beispiel für ein viel grundlegenderes Problem: die Welt ist das Salz und Licht der Kirche. So sollte es ursprünglich aber nicht sein. In der Bergpredigt bei Matthäus 5,13-14, sagt Jesus: „Ihr seid das Salz der Erde...Ihr seid das Licht der Welt." Dass hat Er gesagt. Das hat Er gemeint. Das ist, was Er will. Allerdings geschieht in der Kirche oft nicht das, was Er will. Stattdessen fließen fortwährend die Gedanken und Werte unterschiedlicher Kulturen in die Kirche hinein.

So gesehen scheint es, als ob die Apostel den Kampf verloren haben, da weder Platonismus, Gnosis, noch andere weltliche Ideen aus der Kirche vertrieben wurden. Sie verblieben in der Kirche, und zwar während jeder Generation, inklusive unserer eigenen. Der Kampf geht weiter.

3

FEEN, ELFEN, GNOME, TROLLE ETC.

In der globalen Kulturgeschichte werden Berichte über übernatürlichen Wesen so normal behandelt, dass sie vermutlich auf übernatürlichen Tatsachen basieren. Es scheint, dass Kinder sich der Wolke oder der Schnittstelle bewusster sind als Erwachsene. Das liegt vermutlich daran, dass ihre Modellvorstellung der Raum-Zeit-Wirklichkeit noch nicht „gefestigt" oder „festgelegt" ist. Es liegt nicht an ihrer Unschuld. Wenn Kinder mit Teilen der Wirklichkeit in der Wolke bzw. durch die Wolke in Verbindung treten können, sind sie ebenso dazu fähig, sich Geschöpfe auszudenken und sie etwas sagen zu lassen, um damit Erwachsene zu manipulieren.

"Die Legende von der See"

Berichte von Begegnungen mit übernatürlichen Wesen sind inzwischen künstlerisch und kulturell derart verzerrt, dass sie nur wenig brauchbare Informationen vermitteln, nur einen Funken Wahrheit. Die meisten Geschichten, die ich gehört oder von denen ich gelesen habe, beschreiben die Rolle des Menschen als anfänglich passiv. Das Übernatürliche nähert sich ihnen oder sie begegnen ihm zufällig. Sie machen sich nicht auf um es zu suchen oder zu erforschen. Ebenso wenig wie wir eine Hexenjagd veranstalten, sollten wir auf eine Feenjagd gehen.

Viele Menschen streben danach, mit den Toten im Übernatürlichen in Kontakt zu treten. Das ist keine gute Idee, und die Bibel verbietet es. Bloß weil jemand tot ist, heißt das nicht, dass er oder sie weiser oder freundlicher oder ehrlicher ist als zu Lebzeiten. Die Hexe von Endor konnte mit den Toten in Kontakt treten, aber sie und alle anderen wussten, dass das, was sie tat, falsch war. Wir dürfen uns nicht aus dem Übernatürlichen bedienen um damit Macht oder Weisheit zu erlangen. Das Übernatürliche beinhaltet sowohl das Gute als auch das Böse. Deshalb heißt es im Vaterunser: „erlöse uns vom Bösen." Wir müssen die Geister prüfen ob sie bekennen, dass Jesus Christus im Fleisch gekommen ist, und ihnen nicht einfach nur deshalb vertrauen, weil sie übernatürlich sind.

Aus Begegnungen mit der Wolke entstehen nicht nur Volkssagen, sondern auch Religionen. Eine Religion ist eine Art Wiederverbindung mit einer abgetrennten Wirklichkeit – also ein Re-Ligament, eine Rückverbindung (abgeleitet vom lateinischen Wort religare). Religionen entstehen, wenn Menschen etwas Übernatürliches erleben und daraus ein System zur Rückverbindung entwickeln. Das Christentum ist keine Religion, sondern vielmehr das Gegenteil. Im Christentum geht es nicht um Menschen, die andere Aspekte der Wirklichkeit erfahren und dies in ein System einpassen und daraus Profit schlagen, wie es vermutlich beim Turmbau zu Babel geschah (1. Mose 11). Das Christentum ist die Tatsache, dass der Schöpfer selbst in die geschaffene, natürliche Welt eingreift und uns durch die Gnade der Kreuzigung und Auferstehung Jesu Christi die vollständigere Wirklichkeit gibt, die wir brauchen. Die grundlegende Wahrheit des Christentums wurde in eine Vielzahl von religiösen Ausdrucksweisen und Systemen verwandelt, die miteinander konkurrieren. Die errettende Wahrheit des Christentums kann von jedem empfangen werden, der sich bewusst ist, dass er Gott braucht und dass dieser ihm durch das Opfer Jesu Christi das geben kann, was er für das Leben und die Wirklichkeit braucht. Die Bibel ist von entscheidender Bedeutung, damit diese grundlegende Wahrheit zur Anwendung kommen und sich in der Geschichte entfalten kann, und um notwendige Einzelheiten über diese Wahrheit zu erfahren. Sie sollte von denen, für die sie verfügbar ist, wertgeschätzt und studiert werden.

Manche der großen atheistischen Science-Fiction-Autoren wie Stanislaw Lem, Phillip Pullmann oder Iain M. Banks sind sich der Wolke bewusst geworden und sind in ihrer Beschreibung der Rolle der Technologie in unserer Welt unglaublich prophetisch. Ihre Bücher sind oft brillant und mitreißend, neigen aber dazu, die Wirklichkeit der Wolke zu parodieren und zu verzerren. Christen sollten sich von diesen Büchern nicht verwirren lassen, sondern sie lesen, um sich der kulturellen, intellektuellen und künstlerischen Welt um uns herum bewusst zu werden. Vor einer derartigen Nächstenliebe sollten wir keine Angst haben. Die Liebe fordert von uns, dass wir die Gedanken dieser Autoren und ihrer Leser wichtig nehmen.

4

WARNHINWEISE

Die Wolke ist manchmal gefährlich, und zwar in mehrfacher Hinsicht. Rebellische und zerstörerische Elemente im Übernatürlichen können Menschen falsche Offenbarungen vermitteln oder sie Versuchungen aussetzen. Derartiges sollten wir vielleicht als „gefälschte Wolkenerfahrungen" bezeichnen. Die echten Erfahrungen sind von Gott. Wir müssen wach und aufmerksam bleiben und unsere Erfahrungen des Übernatürlichen überprüfen, anstatt einfach nur „Hey wow!" oder „Krass!" zu sagen. Sowohl echte als auch gefälschte Erfahrungen der Wolke können von Menschen durch ihre Agenda, ihre Ängste oder ihr Ego verzerrt werden. Menschen erfahren die Wolke auf

"Der kosmische Mensch" aus „Das Buch vom Wirken Gottes" von Hildegard von Bingen (1165)

eine individuelle und persönliche Weise, die nicht wirklich mitgeteilt werden kann. Mit der Bibel steht uns die umfassendste Erfahrung der Wolke zur Verfügung. Man kann miteinander über sie reden, auch wenn manche unserer Interpretationen, Fehlinterpretationen oder Reaktionen nicht wirklich mitgeteilt werden können oder sollten. Die Bibel dient uns als Werkzeug, um Wolkenerfahrungen und das Leben im Allgemeinen zu evaluieren. Die Wolke ist das Tor, die Schnittstelle oder der Durchgang für Visionen, Träume, Wunder, Prophezeiungen, Inspiration, Engelsbegegnungen, Heilungen usw. All das sollte anhand der Bibel auf Echtheit überprüft werden.

Es ist möglich, dass manche Arten von Drogen, vor allem halluzinogene Drogen, eine Öffnung für eine bruchstückhafte und verzerrte Erfahrung der Wolke schaffen können. In den 1960er Jahren gab es ernsthafte und mutige Menschen die glaubten, dass Drogen der Weg in ein vollständigeres und wirklicheres Leben wären. Manche starben bei der Erforschung dieser Möglichkeit. Diese Hoffnung verblich bald zu einem rein freizeitorientierten Drogengebrauch.

Es ist wahrscheinlich, dass wirkungsvolle Musiker, Filmemacher, Dichter, Maler, Schriftsteller, Sänger, Geschichtenerzähler und andere Künstler ein stärker ausgeprägtes Bewusstsein für die Wolke besitzen als der durchschnittliche Mensch. Ihre Ausdrucksformen, ihre Werke können nicht immer mit der gleichen Art von Logik verstanden werden, die wir für den raum-zeitlichen Anteil der Wirklichkeit verwenden. Sie haben die Macht, unser Bewusstsein zu erweitern, uns zur Erkenntnis zu verhelfen, dass die Wirklichkeit größer ist als wir ursprünglich dachten. Sie helfen uns Beziehungen zu erfahren, die uns die Logik nicht vermitteln kann. Sie sind für das Leben und die Kultur der Menschen ebenso wichtig wie Wissenschaftler oder Handwerker. Dennoch sind all diese „Künstler" auch Sünder und man kann ihnen nicht vollständig vertrauen, dass sie uns dabei helfen, auf gesunde Weise zu wachsen. Alle ihre Werke müssen geprüft werden.

In Jesaja 44,22 heißt es: „Ich tilge deine Missetat wie eine Wolke und deine Sünden wie den Nebel. Kehre dich zu mir, denn ich erlöse dich." Was uns, neben anderen Stellen, dieser Vers in der Bibel zeigt, ist, dass wir uns selbst eine gefälschte Wolke schaffen können, was Sünde ist. Diese selbstgemachte Wolke kann kein Tor öffnen und die Wirklichkeit zusammen bringen. Sie sondert uns ab und kapselt uns in uns selbst ein. Wenn wir uns mit dieser selbstgemachten Wolke identifizieren, werden wir weggeweht wie ein Rauchschleier im Wind. Dieser Vers aus Jesaja ist in gewisser Weise ermutigend, da er uns zeigt, dass wenn wir arm im Geiste werden und anerkennen, dass wir Gott brauchen und zu Ihm zurückkehren, durch die Hilfe des großen Brückenbauers (Pontifex Maximus) Jesus, dann wird unsere falsche Wolke weggeweht, aber nicht wir. Wir sind sicher und stabil in Gottes Wirklichkeit.

5

DAS VATERUNSER
UND DIE WOLKE

Das Gebet, der Plan und das Projekt von Jesus besteht darin, dass das Ereignis der Wolke universell und permanent wird. Er möchte, dass wir mit Ihm in dieser Wirklichkeit sind. Deshalb gab Er uns Sein Gebet. Das Gebet beginnt mit den Worten „Vater unser im Himmel". Der Himmel steht für den übernatürlichen Teil der Wirklichkeit, nicht für einen entfernten Ort. Der Himmel ist genau hier, aber normalerweise erfahren wir das so nicht. Dann folgt die erste Bitte: „Dein Name werde geheiligt" oder „Dein Name sei bekannt als heilig" (wie im Himmel, so auch auf Erden). Im Hebräischen bedeutet heilig so viel wie abgesondert. Gott ist von allem abgeson-

*Johannes vor Gottvater und den Ältesten, **Albrecht Dürer** (1471-1528)*

dert, was unecht ist, oder falsch, rebellisch oder temporär. Er ist originär, wahr und ewig. „Abgesondert" bedeutet nicht „teilweise" oder „unvollständig". Heilig bedeutet „vollständig real".

Die nächste Bitte ist so wichtig, dass sie wiederholt wird. „Dein Reich komme" und „Dein Wille geschehe" bedeuten das Gleiche. Die Menschen haben ganz unterschiedliche Vorstellungen davon, was „Reich" bzw. Königreich bedeutet. Manche dachten, es steht für die Kirche. Manche verstehen darunter einen entfernten Ort. Jesus hat unterschiedliches über das Königreich gesagt: Er sagte es kommt. Er sagte es ist nahe. Er sagte es ist hier. Er sagte es ist unter euch (in euren Beziehungen). Er sagte es ist in dir. Weder für die Kirche noch für einen fernen Ort treffen all diese Aussagen zu. Das Königreich Gottes ist die Herrschaft bzw. der Wille Gottes. Jesus möchte, dass wir dafür beten, dass das Königreich hier her kommt, und zwar permanent. Er sagt nicht dass wir dafür beten sollen, an einen anderen Ort gebracht zu werden, um dort mit Gott zu sein.

Jesus ist gekommen, gestorben, auferstanden, aufgefahren und wird wiederkommen um die natürlichen und übernatürlichen Teile der Wirklichkeit zusammenzufügen. Er ist der große Heiler und Brückenbauer.

Die zweite Hälfte des Vaterunsers über Nahrung, Vergebung und Schutz muss im Kontext mit der ersten Hälfte verstanden werden, welche die Bühne für diese folgenden Aspekte darstellt.

6

GEBET UND MEDITATION

Wir haben bereits über Gebet als eine Möglichkeit gesprochen, mittels derer Menschen aktiv mit der Wolke in Verbindung treten können. Die Begriffe „Gebet" und „Meditation" werden häufig ganz unterschiedlich verwendet. Beide sind für die christliche Spiritualität zentral, und wir müssen sorgfältig darauf achten, uns nicht davon verwirren zu lassen, wie sie im nichtbiblischen Bereich verwendet werden. Ein guter Ausgangspunkt ist vermutlich die Feststellung, dass Gebet nicht reduziert werden darf auf Meditation, Kontemplation, Nachdenken, Einbilden, Fühlen, Handeln oder Arbeit, Stille, Gemeinschaft mit der Natur, ekstatische oder transzendentale Erfahrung,

Der Aufstieg der Seligen, **Hieronymus Bosch** (1450-1516)

auch wenn es manche dieser Aspekte beinhaltet. Ebenso wenig steht Gebet für Einheit mit dem „Universum", Ritual oder Magie. Gebet kann nicht wissenschaftlich (mathematisch) durchgeführt oder verstanden werden. Gebet ist insofern nicht natürlich, als dass es nicht auf die räumlichen und zeitlichen Aspekte der Wirklichkeit beschränkt ist. Es ist für den Menschen nicht natürlich, da es nicht auf eine evolutionäre Funktion der Selbsterhaltung oder der Weitergabe von Genen reduziert werden kann. Es wurde uns von Gott gegeben als ein Teil unseres gesamten geistlichen Lebens. Gebet ist insofern persönlich, als dass es die Kommunikation zwischen einer Person und einer anderen beschreibt. (‚Persönlich' steht nicht für ein Bewusstsein, das sich seiner selbst bewusst ist. ‚Persönlich' steht für ein selbstbewusstes Bewusstsein, das in Beziehung mit einem anderen selbstbewussten Bewusstsein steht.) Gebet ist Sprache – direkt, eindeutig und verpflichtend. Wenn wir einige der Gebete lesen, die in der Bibel überliefert sind (z.B. 1. Könige 8, Kol 1:9-12, Eph. 1:15-20, Phil. 1:9-11), dann fällt auf, dass Gottes Volk in ganz normaler Sprache zu Ihm spricht, und zwar sowohl über die Existenz in Raum und Zeit, als auch über das Übernatürliche und die Ewigkeit, also die gesamte Wirklichkeit, in der wir unser geistliches Leben verbringen. Gott spricht zu uns durch Sein Wort (und durch Seine Schöpfung). Wir können zu Ihm sprechen mit unseren Worten über Sein Wort und wie es sich auf unser Leben anwenden lässt. Wir sollten den Mut haben, zu beten und mit Gott zu reden, unser Versagen zu bekennen und das Gebet zum allumfassenden Zentrum unseres Lebens zu machen. Wir können tatsächlich in Gott und Seiner Wirklichkeit zentriert sein, indem wir unsere Selbstzentriertheit überwinden und in die kommunikative Beziehung des Gebets eintreten.

Meditation hat eine biblische und eine nicht-biblische Bedeutung. In den Psalmen 49, 5, 19 und 119 steht das Wort „Meditation" für „murmeln, einen tiefen Ton haben, seufzen oder stöhnen". Ebenso spricht Römer 8:22-27 davon, wie die Schöpfung „seufzt" und auch der Geist für uns „seufzt". Biblische Meditation ist keine vage, transzendentale Erfahrung oder ein Bewusstseinszustand. Das Wort erscheint am häufigsten im Psalm 119, der eines der höchststrukturierten Kapitel der Bibel darstellt. Diese Struktur deutet an, dass Meditation kein unorganisiertes Ding oder „mit dem Strom schwimmen" ist. Meditation ist nicht etwas, das losgelöst ist von unserem Verstand oder unserem Denken über die gewöhnliche Wirklichkeit. Biblische Meditation ist kein Prozess des Nicht-Wissens, sondern des umfassenderen Wissens.

Bei der biblischen Meditation geht es um Gottes Charakter oder Sein Handeln. Denken ist eine zerebrale oder mentale Aktivität, die geradlinig verläuft. Wenn wir denken, dann bewegt sich unser Versand von A nach B nach C mit dem Ziel, irgendwo bei einer Schlussfolgerung anzukommen. Meditation hingegen bedeutet eher, dass man eine Information über Gott nimmt (aus der Bibel, oder im Einklang mit der Bibel) und sie in seinem Verstand hält wie über einem Netz oder Gewebe, so dass der Heilige Geist Stellen zeigen kann, wo sie unser Leben berührt und sich anwenden lässt, die wir vorher noch nie gesehen haben. Vielleicht lesen wir etwas über Gott in der Bibel und behalten es irgendwie in unserem Verstand, oder wir verknüpfen eine Erfahrung mit irgendetwas aus der Bibel über Gott, was wir irgendwie im Verstand behalten haben. Dann können wir über das nachdenken und beten, was Er uns gezeigt hat. Meditation ist passiver als Denken oder Beten. In der Meditation ist es eher so, dass wir Gott erlauben, zu uns zu sprechen, während wir im Gebet eher zu Ihm sprechen. Denken und Meditation arbeiten auf ähnliche Weise zusammen, wie die rationale und emotionale Intelligenz zusammen arbeiten. Sie sollten nicht miteinander konkurrieren. Wir sollten nicht eines dem anderen vorziehen. Vieles im Leben verhält sich so. Gott hat viele gegensätzliche Dinge geschaffen, die sich zueinander verhalten wie die zwei Seiten einer Münze: Objektivität und Subjektivität, linke und rechte Gehirnhälfte, Einheit und Vielfalt, Prädestination und freier Wille, Gnade und Gerechtigkeit, Form und Freiheit, Welle und Teilchen, Ehemann und Ehefrau, und andere. Der Teufel und unsere sündige Natur versuchen uns ständig, eine Seite der Münze der anderen vorzuziehen. Manche Menschen neigen von Natur aus eher zur Meditation, während andere sich eher dem Gebet zuwenden. Gott möchte, dass wir beides haben.

Im östlichen Denken oder New Age bedeutet Meditation, dass man mit dem Denken aufhört und den Verstand vollkommen ruhig hält, um dadurch einen „höheren" Bewusstseinszustand zu erlangen. Es ist sehr schwierig, das zu schaffen, und bringt einen auch manchmal in Kontakt mit der Wolke und dem Übernatürlichen. Es kann therapeutische Wirkungen haben, die gut tun. Da man jedoch dabei nicht denkt, kann man auch nicht „die Geister prüfen", wie Johannes uns im 1. Johannes 4:1-3 anweist, oder „alles prüfen", wie Paulus uns im 1. Thessalonicher 5:21 sagt. Diese Art der Meditation ist nicht sehr sicher. Sie steht auch für Ungehorsam, da wir die Art und Weise fragmentieren, wie Gott uns geschaffen und die Kommunikation mit Ihm gestaltet hat, indem wir eine Seite der anderen vorziehen. Gott ist rational (und mehr als rational) und hat uns in Seinem Ebenbild geschaffen, so dass wir auch rational sein sollen. Wenn wir vor Ihn kommen, um mit Ihm in Beziehung zu treten, dann dürfen wir nichts verleugnen oder aufgeben außer unsere Sünden. Gott hat Jesus gesandt, um uns vollständig zu erretten – unseren Körper, unseren Verstand, unseren Geist, unsere Werke und unsere kreative Vorstellungskraft. Wir müssen Ihm all diese Teile unseres Selbst darbringen, während wir in unserem geistlichen Leben wachsen.

Wir sollten über die tiefsten Aspekte Gottes meditieren, und wir sollten vor und nach unserer Meditation auch nachdenken und beten. Dadurch können wir diese Fragmentierung vermeiden und eine vollständigere und sicherere Beziehung mit Ihm haben.

7

DAS UNGETEILTE AUGE

In Matthäus 6:19-24 steht geschrieben:

„19. Ihr sollt euch nicht Schätze sammeln auf Erden, wo Motten und Rost sie fressen und wo Diebe einbrechen und stehlen. 20. Sammelt euch aber Schätze im Himmel, wo weder Motten noch Rost sie fressen und wo Diebe nicht einbrechen und stehlen. 21. Denn wo dein Schatz ist, da ist auch dein Herz. 22. Das Auge ist das Licht des Leibes. Wenn dein Auge lauter [ungeteilt] ist, so wird dein ganzer Leib licht sein. 23. Wenn aber dein Auge böse ist, so wird dein ganzer Leib finster sein. Wenn nun das Licht, das in dir ist, Finsternis ist, wie groß wird dann die Finsternis sein! 24. Niemand kann zwei Herren dienen: Entweder er wird den einen

Die Bekehrung des Saulus, **Caravaggio** (1471-1528)

hassen und den anderen lieben, oder er wird an dem einen hängen und den anderen verachten. Ihr könnt nicht Gott dienen und dem Mammon."

Dies ist ein Abschnitt mit drei Absätzen aus der Bergpredigt von Jesus. Der erste und der dritte Absatz handeln von dem Gegensatz und dem Konflikt zwischen Himmel und Erde und Gott und Geld. Der mittlere Absatz beschreibt die Lösung für diesen Konflikt oder Wettstreit. In den meisten modernen Übersetzungen werden die „Augen" in Vers 22 als „gut", „fehlerfrei", „ganz" oder „gesund", und in Vers 23 als „schlecht", „fehlerhaft" oder „ungesund" bezeichnet. Aber die ursprünglichen Worte im Griechischen bedeuten „ungeteilt" in Vers 22 und „böse" in Vers 23. Weil wir die Wirklichkeit als geteilt und ihre Teile im Wettstreit miteinander sehen, erfahren wir die Frage, ob wir in den Himmel oder in die Erde investieren sollen, oder ob wir Gott oder dem Geld dienen sollen, als Konflikt. Die Offenbarung und die Erfahrung der Wolke hingegen ermöglichen uns, einen ungeteilten Sicht auf die Wirklichkeit zu bekommen, der von Gott zusammengehalten wird. Ein geteilter Sicht ist böse, da es nicht Gottes Absicht ist, dass die Wirklichkeit geteilt sei. Die „Ungeteiltheit" des Auges ist verknüpft mit der „Ungeteiltheit" des Herzens. Das Auge ist unser Fenster zur Wirklichkeit, und das Herz ist unsere Einstellung zur Wirklichkeit. Wenn unser Auge und unser Herz ungeteilt sind, dann sind wir ganzheitlich in uns selbst und gesund. Möge Gott die Augen unseres Herzens öffnen, damit wir seinen ursprünglichen Plan und Seine errettende Heilung erkennen.

8

AUSGEWÄHLTE BIBLISCHE WOLKENEREIGNISSE

DER REGENBOGEN BEI NOAH

In der Erzählung über den Regenbogen für Noah in 1. Mose 9 wird die Wolke vier Mal erwähnt. Das Wort Regen fällt kein einziges Mal, denn dieser war zuvor im Übermaß gefallen. Das hebräische Wort für Regenbogen ist das gleiche wie für einen Kampfbogen. Der Kampfbogen Gottes ist kein natürliches Phänomen, so wie auch die Hand Gottes kein natürliches Phänomen ist. Das zeigt uns, dass der Regenbogen bei Noah ebenfalls kein ausschließlich natürliches Phänomen war, sondern eine Manifestation der Schnittstelle, der Wolke, der Brücke zwischen

Christi Geburt, **Giotto die Bondone** (1267-1337)

Himmel und Erde, zwischen dem natürlichen und dem übernatürlichen Teil der Wirklichkeit. Der Regenbogen ist ein Zeichen und ein Mahnmal der Gegenwart Gottes, Seiner Macht über die Wirklichkeit und Seiner Zusage, die Wirklichkeit zu bewahren. Das Böse wird niemals mehr in der Lage sein, eine derartig umfassende Zerstörung zu bewirken wie durch die Sintflut. Vielleicht kann man den Ursprung dieses Regenbogens in Offenbarung 4:3 erkennen, wo es über Jesus heißt: „Und der da saß, war anzusehen wie der Stein Jaspis und der Sarder; und ein Regenbogen war um den Thron, anzusehen wie ein Smaragd."

DIE STIFTSHÜTTE

Bei dem Bau der Stiftshütte in der Wildnis (2. Mose 24-31) wurde sehr viel Augenmerk auf Details gelegt, da sie die räumliche

Verortung der fortwährenden Gegenwart der Schechina-Herrlichkeit oder Herrlichkeits-Wolke sein sollte. Nur der Hohepriester durfte mit dem Opferblut in die Gegenwart der Schechina-Herrlichkeit eintreten. Schließlich trat Jesus, der ewige Hohepriester, mit Seinem eigenen Blut in die himmlischen Dimensionen ein, wodurch der Vorhang, der die Schechina-Herrlichkeit von den Menschen trennte, von oben bis unten zerriss. Nun treten wir durch den Vorhang von Jesu' Körper, der zerrissen wurde um uns den Weg zu bereiten, in die Ewigkeit und die Gegenwart Gottes des Vaters ein.

PFINGSTEN

Das Pfingstereignis stellt einen weiteren Durchbruch der Gegenwart Gottes in Raum und Zeit dar. Die Flamme und der Wind sind typische Merkmale der Wolke (in diesem Fall ohne Rauch oder Donner). Pfingsten ist ein einmaliges und ein fortdauerndes Ereignis der Gegenwart Gottes bei Seinem Volk durch den Heiligen Geist. Im 4. Buch Mose 11:24-25 wird von einem ähnlichen Ereignis berichtet: „Da ging Mose hinaus und redete zum Volk die Worte des Herrn; und er versammelte siebzig Männer aus den Ältesten des Volkes und stellte sie rings um das Zelt auf. Und der Herr kam in der Wolke herab und redete zu ihm und nahm von dem Geist, der auf ihm war, und legte ihn auf die siebzig Männer, die Ältesten. Und es geschah, sobald der Geist auf sie kam, weissagten sie; (später) aber nicht mehr." (rev. Elberfelder Fassung)

Der Ausdruck „kam [..] herab" steht hier nicht für eine räumliche Bewegung, sondern für eine Bewegung aus den übernatürlichen in die natürlichen Dimensionen. Die beiden Arten von Dimensionen sind deckungsgleich und belegen den gleichen Ort.

OFFENBARUNG

In der Offenbarung wird diese Bewegung in beide Richtungen beschrieben: „Siehe, er kommt mit den Wolken, und es werden ihn sehen alle Augen" (1:7) und „Steig herauf, ich will dir zeigen, was nach diesem geschehen soll" (4:1). In der folgenden Vision in Offenbarung 10:1-2 werden mehrere weitere Elemente der Wolke erwähnt:

„Und ich sah einen anderen starken Engel vom Himmel herabkommen, mit einer Wolke bekleidet, und der Regenbogen auf seinem Haupt und sein Antlitz wie die Sonne und seine Füße wie Feuersäulen."

DER THRONWAGEN BEI HESEKIEL

Hesekiel berichtet über seine Erfahrung mit der Wolke wie folgt (1:4): „Und ich sah, und siehe, es kam ein ungestümer Wind von Norden her, eine mächtige Wolke und loderndes Feuer, und Glanz war rings um sie her [..]". Dann sah er in der Wolke den Thronwagen mit Rädern aus ineinandergreifenden Rädern, sich unablässig drehend. Diese Gyroskope oder Kreiselstabilisatoren verdeutlichen die dynamische Stabilität Gottes, immer neu und sich niemals ändernd.

DER BRENNENDE DORNBUSCH

Mose wurde mit der Wolke konfrontiert und erlebte sie als Feuer (2. Mose 3). Es war als Dornbusch verortet, aber dieser Dornbusch verbrannte nicht dabei. Das Feuer, das Mose hier sah, war kein oxidierendes Feuer, sondern die Schechina-Herrlichkeit der Heiligkeit. Aus dieser Wolke kam eine Stimme, da die Wolke ganz unterschiedliche Wege der Kommunikation ermöglicht.

DER FEUERWAGEN BEI ELIA
Elisa sah einen „feurigen Wagen" (in 2. Könige 2), als sein Lehrer Elia in die übernatürlichen Dimensionen der Wolke aufgenommen wurde. Als die Armee der Aramäer Elisa umzingelten, konnte er die Dimensionen der Wolke sehen, sein Diener aber nicht. Elisa bat den Herrn, die Augen seines Dieners zu öffnen. Dann erkannte dieser, dass „der Berg voll feuriger Rosse und Wagen um Elisa her [war]".

DIE STRASSE NACH DAMASKUS
Der Apostel Paulus hatte auf der Straße nach Damaskus eine Erfahrung der Wolke (Apostelgeschichte 9). Er sah blenden-

des Licht und hörte eine Stimme. Diese Erfahrung ließ ihn für eine gewisse Zeit erblinden.

DIE VERKLÄRUNG

Die Verklärung Jesu, wie sie im Matthäusevangelium (Kapitel 17) beschrieben wird, ist ein deutliches und dramatisches Beispiel für die Wolke. Petrus, Jakobus und Johannes sahen Jesus von leuchtendem Licht verklärt. In der Wolke befand sich Jesus zusammen mit Moses, dem Toten aus dem Alten Testament, und Elia, dem Untoten aus dem Alten Testament. Die Jünger wurden Zeuge, wie sie über das einzig wichtige Thema sprachen – den Tod Jesu, der Sieg und Leben für die gesamte Welt bedeuten würde. Sowohl Moses als auch Elia waren beide gerettet worden, da sie an den Opfertod Jesu geglaubt hatten, obwohl sich dieser in der

Geschichte von Raum und Zeit noch nicht ereignet hatte. Das Kreuz ist das Zentrum der Geschichte. Die Menschen werden gerettet, indem sie in der Geschichte nach vorne blicken und Gottes Verheißungen glauben, oder indem sie in der Geschichte nach hinten blicken und Gottes Verheißungen glauben.

JAKOBS HIMMELSLEITER

Jakobs Traum von der Himmelsleiter im 1. Buch Mose (Kap. 28) zeigt uns, dass die Wolke eine Straße in beide Richtungen ist, auf der Engel oder Boten Gottes auf- und absteigen. Jakob hatte an diesem Ort Rast gemacht, da die Sonne untergegangen war. Es war eine eher zufällige Entscheidung gewesen, aber der Ort wurde aufgrund seiner Erfahrung zu einem besonderen Platz. Gott kann uns überall begegnen.

Es gibt viele weitere Beispiele über solche Dinge in der Bibel. Mit diesen Beispielen und den in ihnen enthaltenen Prinzipien wird es dir leichter möglich sein, andere derartige Ereignisse zu verstehen, wenn du ihnen begegnest.

DER STERN VON BETHLEHEM

Wenn wir den Stern von Bethlehem im Kontext der Wolke betrachten, kann das dabei helfen, einige Unklarheiten zu beseitigen und den Glauben mancher Christen zu stärken. Die Weisen aus Persien erzählten Herodes, dass sie seinen Stern im Osten gesehen hätten. Der Stern war aber nicht im Osten, sondern die Weisen. Die Menschen haben die Wolke als „Licht", „Feuer", „Dunkelheit", „Feuerwagen" oder „Thronwagen" bezeichnet. Die Weisen waren Zoroastrier und Astronomen. Wenn sie mit der Wolke konfrontiert wä-

Jakobs Traum. Abilene, Texas. **Jack Maxwell**

ren, läge die Beschreibung als „Stern" auf der Hand. Manchmal ertönt aus der Wolke eine Stimme und gibt Informationen weiter. Etwas derartiges hätte den Weisen geschehen können. Die Wolke hätte vor ihnen her gehen können, bis sie „über dem Ort stand, wo das Kindelein war", auch wenn es schwierig ist nachzuvollziehen, wie ein Stern das bewerkstelligen sollte. Manche sind deshalb verwirrt und ihr Glaube wird dadurch herausgefordert, den Stern von Bethlehem verstehen zu wollen. Wenn die Erfahrung der Weisen auf die Wolke der Herrlichkeit Gottes zurückgeführt werden könnte, würde dies vieles erklären und die Erzählung glaubwürdiger machen.

Es wurde mit Hilfe vieler Berechnungen und Tabellen versucht, eine Supernova oder spezielle Planetenkonstellationen zur Zeit um die Geburt Jesu herum zu entdecken. Selbst wenn diese Berechnungen stimmen würden, wären wir dennoch mit zwei Schwierigkeiten konfrontiert: zum einen hätte ein derartiges Phänomen nicht „über dem Ort [stehen bleiben können], wo das Kindelein war", zum anderen sind diese Erklärungsmöglichkeiten vollständig naturalistisch. Die Erklärung mittels der Wolke beinhaltet jedoch Wunder.

Der heilige Johannes Chrysostomos führt in seiner 6. Homilie zum Matthäusevangelium eine weiteren Überlegung zu dieser Diskussion auf:

> *„Dass nämlich dies kein gewöhnlicher Stern war, ja, wie mir scheint, überhaupt kein Stern, sondern eine unsichtbare Macht, die diese Gestalt angenommen hatte, das scheint mir zu allernächst aus dem Wege hervorzugehen, den er genommen hatte.*

Es gibt nämlich keinen einzigen Stern, der in dieser Richtung wandelt. Die Sonne, der Mond, und alle anderen Gestirne wandeln, wie der Augenschein lehrt, von Osten nach Westen; der aber kam von Norden nach Süden; denn das ist die Richtung von Persien nach Palästina."

Hier nun der Text der Erzählung über den Stern aus dem Matthäusevangelium. Lies es und ersetze das Wort Stern durch Wolke, und siehe selbst, ob es Sinn macht. Matthäus 2:1-10:

„1. Da Jesus geboren war zu Bethlehem in Judäa zur Zeit des Königs Herodes, siehe, da kamen Weise aus dem Morgenland nach Jerusalem und sprachen: 2. Wo ist der neugeborene König der Juden? Wir haben seinen Stern (Wolke) aufgehen sehen und sind gekommen, ihn anzubeten."

„3. Als das der König Herodes hörte, erschrak er und mit ihm ganz Jerusalem, 4. und er ließ zusammenkommen alle Hohepriester und Schriftgelehrten des Volkes und erforschte von ihnen, wo der Christus geboren werden sollte. 5. Und sie sagten ihm: In Bethlehem in Judäa; denn so steht geschrieben durch den Propheten: „6. Und du, Bethlehem im Lande Juda, bist mitnichten die kleinste unter den Fürsten Judas; denn aus dir wird kommen der Fürst, der mein Volk Israel weiden soll." 7. Da rief Herodes die Weisen heimlich zu sich und erkundete genau von ihnen, wann der Stern (Wolke) erschienen wäre, 8. und schickte sie nach Bethlehem und sprach: Zieht hin und forscht fleißig nach dem Kindlein; und wenn ihr's findet, so sagt mir's wieder, dass auch ich komme und es anbete. 9. Als sie nun den König gehört hatten, zogen sie hin. Und siehe, der Stern (Wolke), den sie

hatten aufgehen sehen, ging vor ihnen her, bis er über dem Ort stand, wo das Kindlein war. 10. Da sie den Stern (Wolke) sahen, wurden sie hocherfreut..."

JOSUA UND DIE SONNE

In Josua 10 wird berichtet, wie die Sonne einen Tag still stand. Manche Menschen haben deshalb Schwierigkeiten an die Wahrheit der Bibel zu glauben und es führt bei vielen Gläubigen zu Zweifel und Verwirrung. Wie kann man das verstehen? Die Sonne steht immer still, während sich die Erde hingegen bewegt. Die Sonne würde scheinbar stehen bleiben, wenn die Erde in ihrer Drehbewegung anhalten würde. Aber dann würde jeder plötzlich abgestoppt werden und sterben. In der Betrachtung der Wolke der Herrlichkeit Gottes, die als Licht, Dunkelheit, Feuer, Stern usw. erschienen ist, finden wir eine mögliche Lösung: Die Wolke könnte über der Erde schweben und somit die Sonne verbergen, und 24 Stunden später wieder verschwinden, worauf sich die Sonne an der gleichen Stelle befinden würde, an der sie zuletzt gesehen wurde. Die Menschen, die die Wolke sahen, beschrieben sie auf unterschiedliche Weise, mal größer, mal kleiner. Warum nicht so wie die Sonne? Wenn es so passiert ist, hätte es auch lokal auf Kanaan begrenzt gewesen sein. Der Rest der Erde hätte dann eine gewöhnliche Nacht erlebt können.

ZWEI WOLKEN-EREIGNISSE, DIE HÄUFIG MISSVERSTANDEN WERDEN

Die Himmelfahrt und die zweite Wiederkunft Jesu sind zwei wesentliche Wolken-Ereignisse, die häufig missverstanden werden.

In Apostelgeschichte 1:9 wird die Himmelfahrt wie folgend beschrieben:

„Und als er das gesagt hatte, wurde er vor ihren Augen emporgehoben, und eine Wolke nahm ihn auf, weg von ihren Augen."

Diese Wolke besteht nicht aus Wasserdampf, sondern ist die Wolke der Schechina-Herrlichkeit oder die Wolke der Schnittstelle. Jesus wurde in die übernatürlichen Dimensionen der Wirklichkeit aufgenommen, deshalb konnte er in den natürlichen Dimensionen nicht mehr gesehen oder gehört werden. Zuvor hatte Jesus bereits zwei scheinbar widersprüchliche Aussagen getroffen, die wir im Kontext der Wolke verstehen können. Er sagte „Ich gehe fort" und „Ich bin bei euch alle Tage". Wir können das so verstehen, dass Jesus nicht an einem anderen Ort ist. Er ist hier in einer anderen Dimension.

Viele Christen der ersten Generation glaubten, dass Jesus während ihrer Lebenszeit wiederkommen würde, um im vollkommenen Sieg Sein Königreich aufzurichten. Die Christen in Thessaloniki waren sehr verärgert und verwirrt, als manche von ihnen starben, obwohl Jesus noch nicht wiedergekommen war. Zu ihrer Auferbauung schrieb ihnen Paulus deshalb im 1. Thessalonicher 4:13-18:

„13. Wir wollen euch aber, Brüder und Schwestern, nicht im Ungewissen lassen über die, die da schlafen, damit ihr nicht traurig seid wie die andern, die keine Hoffnung haben. 14. Denn wenn wir glauben, dass Jesus gestorben und auf-

erstanden ist, so wird Gott auch die, die da entschlafen sind, durch Jesus mit ihm führen. 15. Denn das sagen wir euch mit einem Wort des Herrn, dass wir, die wir leben und übrig bleiben bis zum Kommen des Herrn, denen nicht zuvorkommen werden, die entschlafen sind. 16. Denn er selbst, der Herr, wird, wenn der Ruf ertönt, wenn die Stimme des Erzengels und die Posaune Gottes erschallen, herabkommen vom Himmel, und die Toten werden in Christus auferstehen zuerst. 17. Danach werden wir, die wir leben und übrig bleiben, zugleich mit ihnen entrückt werden auf den Wolken, dem Herrn entgegen in die Luft. Und so werden wir beim Herrn sein allezeit. 18. So tröstet euch mit diesen Worten untereinander."

Und wieder geht es hier nicht um eine Wolke aus Wasserdampf, sondern um die

Schechina-Herrlichkeit bzw. die Schnittstelle. Ein von Paulus häufig wiederholtes Konzept ist dass Jesus König oder Herr ist, und Cäsar nicht. Wenn Cäsar eine Stadt besuchte, dann kamen die Ältesten vor die Tore um ihm „entgegen zu gehen" und ihn auf dem Weg in die Stadt zu begleiten. Als Paulus von Malta nach Italien ging und nordwärts Richtung Rom reiste, lesen wir dazu in Apostelgeschichte 28:15: „Von dort kamen die Brüder, die von uns gehört hatten, uns entgegen bis Forum Appii und Tres-Tabernae." Sie gingen Paulus nicht „entgegen", um mit ihm wieder zurück nach Malta zu gehen, sondern um ihn nach Rom zu begleiten. Wenn wir also (tot oder lebendig) Jesus auf dem Wolken „entgegen" gehen, dann nicht um mit Ihm irgendwo anders hinzugehen, sondern um Ihn auf Seinem Weg zur Erde zu begleiten, auf die Er zurückkehrt.

10

SCHLUSSFOLGERUNG

Die überwiegende Mehrheit der Menschen auf der ganzen Welt und im Verlauf der Geschichte, bis heute, haben an irgendeine Art von übernatürlicher Wirklichkeit geglaubt, die nicht mit den gleichen Werkzeugen gemessen oder verstanden werden kann, die wir für die Raum-Zeit-Wirklichkeit verwenden. Es gab viele unterschiedliche Wege, diesen anderen Teil der Wirklichkeit zu verstehen. Manche davon waren magisch, andere religiös, wiederum andere philosophisch. Manche dieser Wege haben zu sehr viel Leid und Verwirrung geführt. Die Bibel ist die beste Beschreibung, um das Übernatürliche und um zu verstehen, wie es mit dem Natürlichen verknüpft ist.

Die Absicht Gottes ist, dass die natürlichen und die übernatürlichen Teile der Wirklichkeit miteinander als Ganzes funktionieren. Aber aufgrund von Rebellion, Verzerrung und Stolz wurden diese Teile der Wirklichkeit einander entfremdet, was in vielerlei Hinsicht zu Tod und Leid geführt hat. Gott ist darüber traurig und zornig, aber er ist nicht entmutigt oder besiegt. Er schafft es immer mehr, die Wirklichkeit gemäß Seiner ursprünglichen Absicht wieder herzustellen. Der Weg zu dieser Wiederherstellung und Heilung der Wirklichkeit ist Jesus. Durch die Welten erschaffende Macht der Demut und des Opfers hat er den Tod im Sieg verschlungen und die Mächte der Finsternis, des Todes und der Entfremdung geschlagen. Der Sieg ist gewiss und die Wirklichkeit bewegt sich zuverlässig auf die vollkommene Heilung zu.

Die letztendliche und permanente Wirklichkeit eines Neuen Himmels und einer Neuen Erde kann im Vorhinein nicht vollständig verstanden werden. Im 1. Korinther 2:9-10 schreibt Paulus:

> 9. *„Was kein Auge gesehen hat und kein Ohr gehört hat und in keines Menschen Herz gekommen ist, was Gott bereitet hat denen, die ihn lieben." 10. Uns aber hat es Gott offenbart durch den Geist.*

Dieser Abschnitt sagt uns, dass wir das, was wir über den Neuen Himmel und die Neue Erde wissen, nicht umfassend auf wissenschaftliche, rationale oder philosophische Weise beschreiben können. Wir wissen über diese, und auch andere Dinge, durch einen Glauben, der in gegenseitiger Ergänzung mit dem Schauen steht.

Alle Menschen leiden unter Entfremdung und Tod mit und in sich selbst, und in ihren Beziehungen mit anderen Menschen, der Natur und mit Gott. Die Macht des Opfers Jesu durch die Kreuzigung, welche die gesamte Wirklichkeit heilt, hat auch die Kraft einzelne Menschen zu heilen und wieder herzustellen, die ihr Vertrauen in Ihn setzen. Bedenke die Möglichkeit, dass das wahr sein könnte, sehr sorgfältig.

Die bösen Mächte der Entfremdung sagen uns, dass wir entweder die natürlichen oder die übernatürlichen Teile der Wirklichkeiten haben können. Das ist eine schreckliche Lüge, denn Jesus starb, damit wir beide Teile haben können. Viele Menschen glauben, nachdem

sie die Wolke erfahren haben, dass sie
all ihre natürlichen Aktivitäten und Belange aufgeben müssen und ein Leben
der Transzendenz leben müssen statt der
Immanenz. Wenn wir uns selbst nur auf
der Basis der natürlichen Wirklichkeit definieren, ist das ein fatales Problem, aber
es ist ebenso fatal, dies nur auf der Basis
des Übernatürlichen zu tun.

Wir können das Wissen und die Erfahrung
des Übernatürlichen verinnerlichen ohne
das Wissen und die Erfahrung des Natürlichen aufzugeben. Diese beiden Teile der
Wirklichkeit zusammenzuhalten ist so,
wie wenn man die beiden Seiten einer
Münze zusammenhält, oder wie wenn
man eine vereinte Sichtweise und Einstellung gegenüber der Wirklichkeit hat. Die
biblische Wolke ist die Wolke des vollkommenen Wissens, nicht die Wolke des Nicht-

Wissens. Die Bibel lehrt uns, dass das wahre Leben sowohl transzendent als auch immanent ist – ein vollständiges Leben in einer vollständigen Realität, durch Jesus bereitgestellt und durch Ihn bewahrt. Komm zu Jesus und habe das Leben.

Die drei Kreuze, **Rembrandt van Rijn** (1606-1669)

EIN GEDICHT

Als das Material dieses Buches zum ersten Mal in Form eines Vortrags bei der L'Abri Fellowship in Huemoz in der Schweiz präsentiert wurde, antwortete Anna Friedrich, eine Mitarbeiterin bei L'Abri, darauf mit einem Gedicht. Es ist hier abgedruckt, weil die Bilder und der Rhythmus eines Gedichtes den Menschen manchmal etwas vermitteln kann, was ein Abschnitt Prosa nicht vermag.

DIE MATRIX VON TEE IST WASSER

von Anna A. Friedrich

Mein Gesicht
nähert sich
deinem
- das bedeutet
ich sehe
Dornenbusch und Flamme, barfuß
ich sehe
Säulen und Gefäße
und auch die Flamme, sich bewegend
wie lebendig.
Ich sehe
eine Hand die schreibt
auf Wände zur Warnung –
ein gleißendes Licht, wirft mich vom
Pferd, ich höre Stimmen,
(oder Donner?)

Ich sehe dich
durchbrechend, Wirklichkeit offenbarend
Nadeln
in all diesen qualmenden Heuhaufen,
aber
ich kann nur das Leuchten benennen,
den Streitwagen,
den Schleier,
eine Zunge, auf Köpfen?

Tastend und verschleiert, biete ich dir
ein Zelt
damit du bleibst
- aber du, wie eine Taube, du entschwebst
strahlend
und ich kann nur sagen
„hoch" und „*Wolken*".

36 FRAGEN

Wie auch in den Büchern „Drei Weltformeln" und „Vier Wege der Erkenntnis" wurden die folgenden Fragen nicht vom Autor selbst verfasst. Sie stammen von Aufnahmen von Fragen und Antworten nach Vorträgen und von Leuten, welche den Vorabzug dieses Textes gelesen hatten. Die Fragen sind hinsichtlich Stil und Inhalt recht unterschiedlich und wurden nicht überarbeitet. Manche wurden ausgesprochen, andere geschrieben. Sie sind hier aufgeführt, auch weil sie dich, den Leser, dazu ermutigen sollen, deine eigenen, echten Fragen zu stellen und dich mit Hoffnung dem Inhalt des Buches und dem ganzen Leben zu stellen.

- **Ist es möglich, sich gegenüber der Wolke zu öffnen? Wenn ja, wie geht das?**

– Ja. Die Bibel gibt uns dazu ein paar Anweisungen. Sie sagt, wir sollen ohne Unterlass beten, unsere Augen auf Jesus gerichtet haben und in der Schrift forschen als einem Licht in der Dunkelheit. Dies zu befolgen ist nicht Magie – es nötigt Gott nicht dazu, für uns etwas zu tun, und es ist auch kein eindeutiger Ursache-Wirkungs-Prozess. Es gibt uns eine unermessliche und ewige Perspektive für unser tägliches Leben, die realistisch ist. Dadurch bleiben wir uns auch Gottes Selbst bewusst, und Seines Segens, Seines Trostes, Seiner Kraft und Führung, die uns durch Ihn zuteil wird.

- **Manche Christen empfinden das Sprachengebet in der heutigen Kirche als Peinlichkeit, da es scheint heutzutage weniger als Geistesgabe gesehen zu werden, sondern eher als eine Art kindischen**

Geplappers, das durch intensive Gefühle, Schauspielerei oder Selbsttäuschung hervorgerufen wird. Hast du jemals jemanden getroffen, der in Sprachen geredet hat, und zwar in einer, die er selbst nicht kennt, und die dann durch jemanden übersetzt wurde, der sie spricht?

– Nein. Aber das bedeutet nicht, dass es das nicht gibt. Augenscheinlich vernünftige und glaubwürdige Menschen haben mir erzählt, dass sie so etwas schon erlebt haben. Aber das waren nur wenige.

- **In der Philosophie des New Age wird das sogenannte „Gesetz der Anziehung" als eine universelle Kraft beschrieben, die uns ermöglicht, all das in unserem Leben zur Erfüllung bringen zu können, worauf wir uns konzentrieren. Wie steht dieses Gesetz der Anziehung in Beziehung zur Wolke?**

– Im Philipperbrief 4:8 sagt uns Paulus: „Weiter, liebe Brüder: Was wahrhaftig ist, was ehrbar, was gerecht, was rein, was liebenswert, was einen guten Ruf hat, sei es eine Tugend, sei es ein Lob – darauf seid bedacht!" [Luther 1984] Wir müssen auch die negativen Dinge bedenken, um sie bewerten und vermeiden zu können. Was wir aber hier nach Paulus bedenken sollen, sind Dinge, die realer sind als andere. Sich auf diese zu „konzentrieren" bewirkt, dass wir für Gott offener sind, dass Er das „in unserem Leben zur Erfüllung bringen" kann, was real ist. Sich auf etwas anderes zu konzentrieren macht uns offen für Dinge, die weniger real sind.

- **Wie hängen Zufälle mit der Wolke zusammen?**

– Manche Zufälle haben eine Erklärung, wenn man zum Beispiel jemanden überraschend am

Flughafen trifft. Bei anderen ist das manchmal schwieriger, wenn man zum Beispiel den starken Eindruck hat, dass man jemanden sofort anrufen soll, und sich dann herausstellt, dass dadurch ein Selbstmord verhindert wurde. Die Wolke fördert vermutlich diese Art von Erkenntnis, die mehr ist als nur rational, und zwar für Christen und Nichtchristen in gleichem Maße. Der Regen fällt auf die Gerechten und die Ungerechten.

- **Wie hängt die Quantenphysik mit der Wolke zusammen?**

– Ich bin weder Physiker noch Mathematiker, aber manche Menschen, die sich sehr tief mit dieser Materie auseinandersetzen, berichten von einer Schönheit, die nicht mathematisch wiedergegeben werden kann. Vielleicht treten sie hier mit der Wolke auf eine ähnliche Art in Verbindung, wie es bei Künstlern, Dichtern und Musikern der Fall ist.

- **Kann der Teufel unsere Gedanken lesen?**
– Möglicherweise. Wenn der Teufel unsere Gedanken kennen würde, könnte er uns wirkungsvoller in Versuchung führen.

- **Wie hängt das Gedankenlesen mit der Wolke zusammen?**
– In der Bibel gibt es ein paar Situationen, in denen Menschen von Gott gezeigt wird, was andere Menschen denken. Möglicherweise geschieht dies durch die Wolke. Vielleicht ist es für begabte oder sensible Menschen auch möglich, die Gedanken anderer Menschen durch die Wolke zu empfangen, aber das ist keine gute Idee. Wir sollten keine Techniken zum Gedankenlesen entwickeln, um dadurch nur unsere eigene Agenda voranzubringen, sondern wir sollten auf Gott warten, dass er uns diese Gedanken zeigt, um Seine Agenda voranzubringen, wenn das Sein Wille ist.

- **Psalm 91 sagt, Gott hat „seinen Engeln befohlen, dass sie dich behüten auf all deinen Wegen." Stützt diese und vielleicht auch andere Bibelstellen die Annahme, dass es Schutzengel wirklich gibt?**

– Es gibt nichts in unserem Leben, das Gott nicht wichtig ist. Seine Boten oder Engel interagieren ständig mit uns oder versuchen es zumindest. Manchmal ist diese Interaktion direkt wahrnehmbar oder sogar physisch. Dafür sollten wir dankbar sein. Der Volksglaube und die Volksfrömmigkeit hingegen treffen Aussagen über Schutzengel, die von der Bibel nicht gestützt sind. Gemäß Matthäus 18:10 hat Jesus gesagt: „Seht zu, dass ihr nicht einen von diesen Kleinen verachtet. Denn ich sage euch: Ihre Engel im Himmel sehen allezeit das Angesicht meines Vaters im Himmel." Der Begriff „Engel" bedeutet hier „Bote" oder „Überbringer". Die Boten bzw. Überbringer der Gebete von Kindern sehen Gott. Gott hört uns, wenn wir sehr jung sind. Er hört uns wahrscheinlich schon im Mutterleib.

- **Steckt etwas in der Etymologie von „Religion", was darauf hinweist, dass das Christentum keine Religion ist?**

– Die mittelalterliche Wurzel des Wortes „Religion" bedeutet „Verpflichtung, Bindung oder Ehrerbietung". Die lateinische Wurzel bedeutet „binden" im Sinne von Bändern um ein Gelenk (Ligament). Das Christentum ist hinsichtlich unseres Gehorsams und unserer Ehrerbietung Gott gegenüber religiös. Viele Religionen haben unterschiedliche Systeme um mit dem Übernatürlichen in Verbindung zu treten. Die Basis des Christentums liegt nicht in einem System der Reaktion begründet, sondern in der Tatsache, dass Gott mit uns in Verbindung tritt. Die Grundlage des Christentums ist eher das, was Gott tut, und weniger das, was wir tun. Es ist leicht, dies aus den Augen zu verlieren.

- **Du hast erwähnt, dass in der Offenbarung Jesus in den Wolken (im Plural) kommt. Könntest du das näher erläutern?**

– Die Bibel spricht oft von Wolken (im Plural) und von der Wolke (im Singular). Vermutlich ist damit das Gleiche gemeint.

- **Würdest du das mit dem Anspruch Jesu, dass er das Tor, die Tür zu den Schafen ist, in Verbindung setzen?**

– Jesus ist die Tür, das Tor und der Weg. Jesus ist nicht die Wolke, aber die Wolke ermöglicht, dass er für uns zu diesen anderen Dingen wird. Somit ja, da ist eine Verbindung.

- **Du hast gesagt, dass das Übernatürliche nicht gemessen werden kann. Ist es möglich, dass wir irgendwann einmal in der Lage sein werden, das Übernatürliche wissenschaftlich zu messen, auch wenn es jetzt noch nicht geht?**

– Je weiter wir in der Geschichte voranschreiten, desto mehr können die Menschen die Wirklichkeit in Zahlen beschreiben. Wenn man etwas numerisch beschreiben kann, ist das oft ein Schritt in Richtung Kontrolle oder Produktion. Es ist meine Glaubensannahme, dass wir nicht in der Lage sein werden, Freundschaft oder Ehe oder die Liebe Gottes oder andere Wirklichkeiten zu kontrollieren oder zu produzieren, indem wir sie numerisch beschreiben. Es gibt Menschen, die treffen die gegenteilige Glaubensannahme. Wir müssen sorgfältig bedenken, wohin uns unsere Annahmen führen können.

- **Ich frage mich ob wir uns als Christen für das „Nichtwissen" des „Wissens" öffnen können?**

– Wenn du mit dem „Nichtwissen" des „Wissens" etwas negatives gross, dann können wir uns dafür öffnen, wenn wir uns stark auf eine

Seite der Münze konzentrieren, wodurch wir die vernachlässigte Seite vergessen werden. Wir können uns so auf das Übernatürliche konzentrieren, dass wir das Natürliche vergessen, und anders herum.

- **Du hast gesagt, dass Wirklichkeit das ist, wer Gott ist, was er will und was er tut. Könntest du dafür ein Beispiel geben?**

– Gott ist Liebe, Licht und Geist. Diese Dinge und auch andere Eigenschaften Gottes sind von Anfang an bis zur Unendlichkeit/Ewigkeit der Wirklichkeit real. Gott wünscht sich eine Schöpfung und Menschen in Seinem Ebenbild, die in ihr schöpferisch tätig sind. Diese Dinge bewahrt Gott vom Anbeginn ihrer Existenz bis zur Ewigkeit. Gott bewirkt die Schöpfung, die Errettung der Schöpfung und die Wiederherstellung der Schöpfung. Diese Dinge sind in Ewigkeit wirklich. Die Details innerhalb dieser Kategorien sind natürlich unendlich.

- **Ist es gefährlich zu sagen, das Böse sei nicht real? Zu sagen, dass alles, was gegen Gott gerichtet ist, nicht real sei? Was ist dann mit der Hölle? Muss man eine annihilationistische Sicht der Hölle annehmen?**

– Wenn wir glauben, dass Wirklichkeit das ist, wer Gott ist, was Er tut und was Er will, dann öffnet das die Möglichkeit einer annihilationistischen Sichtweise, aber nicht unbedingt. Die damit verknüpften Fragen beinhalten: Will Gott das Böse? Wenn das Böse keine ursprünglich schöpferische Kraft ist, wird Gott es dann in Ewigkeit bewahren? Ist das Böse, auch wenn es in der Vergangenheit Gottes Ewigkeit nicht teilt (das Böse hat einen Anfang, Gott nicht), in die Zukunft gesehen ebenso ewig wie Gott? Was bedeutet Zerstörung? Was bedeutet Tod?

- **Können wir von der Wolke getäuscht werden?**

– Die Wolke wurde uns von Gott als eine Kommunikations-Schnittstelle gegeben, die uns nicht täuscht. Wenn wir aber unsere eigene „Wolke" schaffen, aus Stolz oder Ehrgeiz, dann werden wir getäuscht werden.

- **Eingangs hast du die Gnostiker kritisiert. Denkst du nicht, dass die Heiligung auch ein Prozess der Gnosis ist?**

– Gnosis bedeutet Wissen, und natürlich beinhaltet Heiligung Wissen. Heiligung ist jedoch auch Wachstum, das über die Ansammlung von Information oder Technik hinausgeht. In ihr gibt uns Gott Wachstum und Identität in Christus. In der Heiligung wissen wir zwar immer mehr, wir werden jedoch auch immer mehr erkannt und erlauben es immer mehr.

- **Als die Wolke in Jesaja sich vom Tempel entfernte, bedeutete das ein Abschalten der Schnittstelle?**

– Im Grunde genommen ja. Wir können dankbar

sein, dass die Schnittstelle wieder angeschaltet wurde, vor allem durch Jesus.

- **Wie war es am Anfang, im Garten Eden?**

– Vermutlich gab es keinen Bedarf für die Wolke, da die Menschen direkten Zugang zu Gott hatten, bevor sie sündigten. Die Wolke der Herrlichkeit Gottes war immer real. Als die Menschen von Gott getrennt wurden, übernahm die Wolke die notwendig gewordene Funktion der Verbindung und Beziehung.

- **Ist heutzutage die Kirche, also die Gemeinschaft der Erlösten, die Wolke der Schnittstelle?**

– Nein. Die Kirche funktioniert durch die Wolke und kann so mit Gott durch Gebet, Lobpreis und Fürbitte in Beziehung treten. Wir haben nur durch Christus neues Leben und Zugang zu Gott, und das leben wir miteinander in Gemeinschaft aus.

- **Sollte die Kirche Menschen davor bewahren, die Wolke mit Gewalt zu betreten?**

– Es scheint, dass du fragst, ob die Kirche versuchen soll, die Menschen daran zu hindern, sich den Zutritt zur Wolke mit Gewalt zu verschaffen. In den Gemeinschaften unserer christlichen Familie sollten wir einander lehren und ermutigen, die Verbindung mit der Wolke nicht für unsere eigenen Ziele und Agenden zu verlangen, zu beanspruchen oder zu erzwingen. Den Fall von Nadab und Abihu (4. Mose 3:4) habe ich ja bereits erwähnt. Wir sollten uns zur Armut im Geiste bzw. zur Erkenntnis, dass wir Gott brauchen, ermutigen, und vertrauensvoll und empfänglich sein wenn Gott uns das gibt, was wir brauchen.

- **Was genau geschieht den, wenn Menschen sich gewaltsam Zutritt zur Wolke verschaffen?**

– Das Übernatürliche ist nicht einfach wohlmeinend. Nur weil eine Erfahrung übernatürlich ist, bedeutet das nicht, dass sie auch gut ist. Es ist möglich, dass du dir gewaltsam Kontakt mit bösen Mächten einhandelst, die dir schaden wollen. Es ist besser, deinen Umgang mit dem Übernatürlichen auf Gebete zu Gott zu begrenzen und darauf, wie Er in deinem Leben handeln will.

- **Du hast gesagt, dass Menschen Techniken entwickeln können, um Transzendenz zu erlangen, und dass das therapeutisch sein kann. Könntest du das noch etwas genauer erläutern?**

– Wir können unterschiedliche Techniken anwenden, sowohl körperliche als auch mentale, um damit unser Wohlbefinden zu fördern. Wir können unseren allgemeinen Gesundheitszustand durch gute Atmung und eine gute Körperhaltung verbessern, wir können durch Meditation Stress abbauen und unseren Zorn in den Griff bekommen. Die meisten dieser Techniken sind an sich nicht falsch, aber wir müssen vorsichtig sein, sie nicht mit Errettung und Heiligkeit zu verwechseln. Diese sind Gaben Gottes und nicht das Ergebnis von erlernten Techniken.

- **Sind „Nah-Tod-Erfahrungen" auch Erfahrungen der Wolke?**

– Es ist sehr schwirig, und vielleicht auch unmöglich, diese Erfahrungsberichte zu analysieren und zu bewerten, also weiß ich es auch nicht. Wir sollten nicht erwarten, von diesen Erfahrungen etwas zu lernen, was über das hinausgeht, was uns die Bibel ohnehin schon sagt.

- **Haben Schizophrenie (und andere psychische Störungen) etwas mit Wolken-Erfahrungen zu tun?**

– Echte Wolken-Erfahrungen sind von Gott und nicht schädlich. Besessenheit hingegen oder aus-

gedehnte Beschäftigung mit falschen „Wolken"-
Erfahrungen können uns krank machen.

- **Mit welchem Teil treten wir mit der Wolke oder der Schnittstelle in Verbindung? Mit dem Herzen?**

– Das Herz ist eigentlich kein Teil von uns, sondern unsere gesamte Mitte und beinhaltet den Verstand, den Körper, unseren Willen, unsere Kraft und Kreativität. So gesehen ja, mit dem Herzen.

- **Ist Jesus die Schnittstelle?**

– Jesus ist nicht die Schnittstelle, sondern der Weg in die Schnittstelle. Jesus ist der Schleier, die Tür oder das Tor, durch welches wir in die Schnittstelle der Wolke und in die Beziehung mit Gott eintreten.

- **Ist nicht der Heilige Geist die Schnittstelle?**

– Nein. Aber der Heilige Geist benutzt die

Schnittstelle, um mit uns in Beziehung zu treten. Der Heilige Geist wurde gesandt und wirkt durch die Schnittstelle hindurch, um uns zu segnen, in uns zu wohnen, zu inspirieren, erfüllen, leiten und uns zurecht zu weisen. Der Heilige Geist und Jesus sind Personen mit eigenem Willen und eigenen Plänen. Sie sind keine Funktionen oder Phänomene, die wir benutzen können.

- **Ist Musik eine Art Schnittstelle?**

– Ich höre die Frage heraus: „Ist Musik ein Weg, um mit Gott in Verbindung zu kommen?" Sowohl das Spielen als auch das Hören von Musik kann trance-artige Zustände hervorrufen, die Pseudo-Erfahrungen der Wolke darstellen. Das ist mehr als ein Vergnügen; damit reißt man das Vorrecht Gottes an sich, um dadurch eine Wolken-Erfahrung zu initiieren. Das ist nicht Armut im Geiste, sondern Stolz. Manchmal bewirkt Musik, dass wir uns der ganzheitlichen Natur der Wirklichkeit bewusster werden, was auf gute Weise therapeutisch ist. Dann wäre unser Spielen oder Hören kein aktiver Versuch, ein Tor zu öffnen um mit dem Übernatürlichen zu kommunizieren, sondern eine eher passive Bewusstwerdung der Wirklichkeit. Neben der Musik können die Menschen sich auch mit Drogen oder anderen Künsten Gefühle und Erlebnisse verschaffen, die mit Wolken-Erfahrungen verwechselt werden können. Wir müssen mit diesen Dingen sorgfältig umgehen und nicht einfach nur dem folgen, was sich gut anfühlt.

- **Gibt es geographische Ort (oder Gemeinschaften von Menschen), die „wolkiger" sind – wo also Wolken-Erfahrungen wahrscheinlicher sind?**

– Es scheint Fließlinien von elektrischen, magnetischen oder andersartigen Energien zu geben, die kreuz und quer auf der Erde verlaufen und sich an manchen Stellen über-

lagern. Auf diesen Punkten wurden von den Menschen religiöse und kulturelle Strukturen errichtet. In Europa wurden einige Kathedralen auf Standorten alter heidnischer Tempel gebaut. Somit scheint es schon so zu sein, dass manche geographische Orte „wolkiger" sind als andere. Dies zu wissen und dann diese Orte aufzusuchen bringt uns an sich jedoch Gott nicht näher, aber es bewirkt möglicherweise ein Bewusstsein für das Übernatürliche im Allgemeinen. Wir sollten diese Orte aber nicht aufsuchen, um magische Kräfte zu bekommen.
– Menschliche Gemeinschaften kommen seit tausenden von Jahren an derartigen Orten zusammen. Und Gemeinschaften von Menschen auf der ganzen Welt, die aus den richtigen oder falschen Gründen zusammenkommen, um dem Übernatürlichen zu begegnen, werden noch mehr derartige Kontakte haben. Die Bibel lehrt uns, dass wir zusammen in

Gemeinschaft beten sollen. Manchmal kommen Menschen in Gemeinschaft zusammen um Hexerei oder eine andere Art der Machtaneignung zu betreiben (z.B. durch Anhäufung von Reichtümern oder Manipulation von Menschen aus Stolz heraus), was die Bibel jedoch verbietet.

- **Ist die Beschreibung der subatomaren Welt durch die Quantenphysik näher bei Gott als die Beschreibung der Welt durch die Newtonsche Pysik?**

– Nein, weil nämlich sowohl die Quantenaspekte als auch die Newtonschen Aspekte der Wirklichkeit von Gott geschaffen wurden und somit ihrem Schöpfer gleich nah sind. Auf ähnliche Art sind weder Objektivität noch Subjektivität näher bei Gott als das Andere.

- **Paulus hat uns angewiesen, „ohne Unterlass zu beten." Bedeutet das, dass wir**

immer mit Worten beten? Wie können wir ohne Worte beten?

– Vielleicht hilft es, sich das wieder wie die Arbeit in einem Unternehmen im gleichen Raum mit dem Chef vorzustellen. Wir reden zwar nicht immer mit Ihm, aber wir sind uns dauernd bewusst, dass Er da ist und dass wir Ihn ansprechen können und Er uns hört.

- **Können wir nicht auch irgendwie in Situationen im Gebet sein, in denen unser Verstand intensive von einer anderen geistigen Aufgabe beansprucht ist, wie z.B. Rechnen oder Lesen eines Fachbuches?**

– Ja, wenn wir die Geisteseinstellung entwickeln, uns bewusst zu sein, dass Gott mit uns ist.

- **Wenn ein Mensch durchs Leben geht und niemals ein Wolken-Ereignis erlebt hat,**

heißt das dann, dass mit seinem Glauben etwas nicht stimmt?

– Es sind die gewöhnlichen Dinge des Lebens, die dem Leben Ordnung und Form verleihen und darum essentiell sind. Die besonderen Dinge sind real und optional. An Gott und Seine Verheißungen zu glauben, Ihm zu vertrauen und zu gehorchen, und mit Ihm zu sprechen sind gewöhnliche Dinge des Glaubens. Diese Dinge führen uns zum Leben und bewahren es uns, ob wir nun besondere oder dramatische Erlebnisse haben oder nicht.

- **Erleben Christen mehr Wolken-Ereignisse als Nicht-Christen?**

– Christen erleben definitiv mehr Gebet als andere, haben aber vielleicht nicht mehr besondere Erlebnisse als andere. Besondere Erlebnisse erretten uns nicht. Wir werden dadurch errettet, dass wir erkennen, dass wir Gott brauchen, und indem wir Ihm vertrauen.

- **Ich hatte eine intensive Erfahrung, als ich zum Glauben kam, dass Jesus der Sohn Gottes ist. Ich habe von Satori gelesen, eine Erfahrung aus dem Zen Buddhismus. Ist das das Gleiche?**

– Das Erlebnis der Errettung und Satori weisen zwar Ähnlichkeiten auf, unterscheiden sich aber auch auf ganz grundlegende Weise. Beide stehen für einen Paradigmenwechsel und eine individuelle Erfahrung. Beide stellen eine Erfahrung des Absoluten dar und rücken nebensächliche Überlegungen an ihren Platz. Beide sollten nicht zu einer Erinnerung verblassen, sondern in der gegenwärtigen Wirklichkeit verbleiben. Dennoch ist eine Erfahrung mit Jesus eine Erfahrung von Beziehung und Kommunikation. Satori ist eine Erfahrung von Einheit und grundlegendem Sein. Satori vermittelt eine profunde und universelle Erfahrung des Selbst (Buddha-Natur). Errettung in Jesus vermittelt uns das vollständige Bild Gottes, welches das Selbst beinhaltet, aber auch darüber hinaus geht. Die grundlegende Natur der Wirklichkeit ist viel mehr relational als selbstzentriert, somit ist das, was wir wollen und brauchen, die Errettung in Jesus. Mein Buch „Drei Weltformeln" geht hinsichtlich dieser Frage noch mehr ins Detail.

Copyright: Ellis Potter

Bibelzitate ohne Vermerk sind der neuen Lutherübersetzung entnommen.

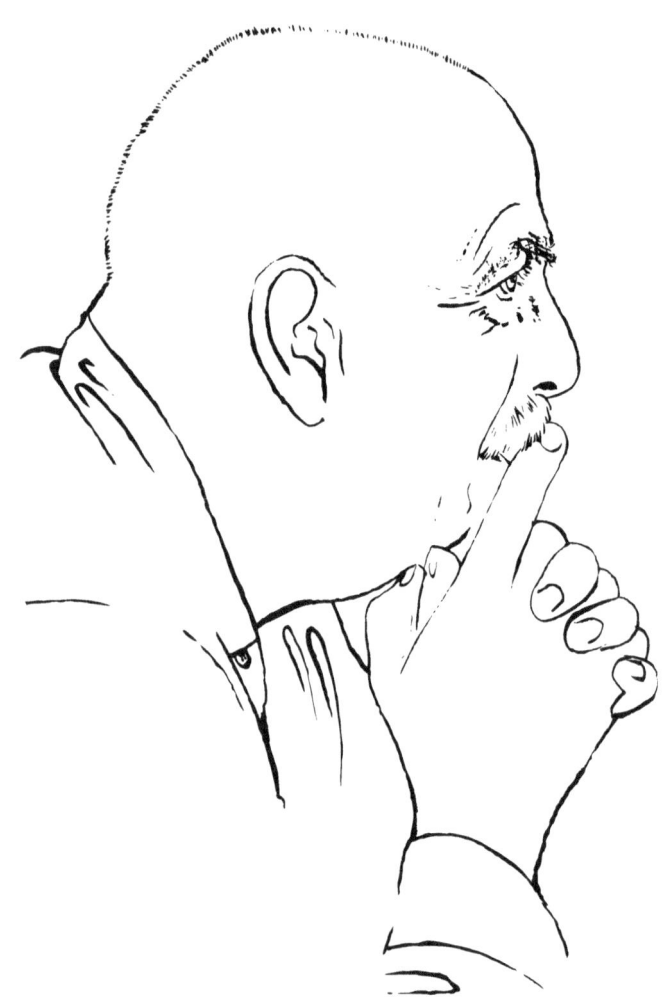

ÜBER DEN AUTOR

1948 in Kalifornien geboren, lebt Ellis Potter seit 1975 in der Schweiz. Der ehemals Zen-buddhistische Mönch wurde 1976 in der „L'Abri Fellowship" unter dem Einfluss des mittlerweile verstorbenen Dr. Francis Schaeffer Christ. Nach seiner Bekehrung arbeitete Herr Potter bis 1991 als Mitarbeiter bei L'Abri. Mit seiner inzwischen verstorbenen Frau Mary gründete er 1978 „Eastern Europe Renewal" und arbeitete ausgiebig in Zentral- und Osteuropa und allen fünf Kontinenten. Herr Potters Hintergrund umfasst Musik, die Künste, Theologie und Philosophie. Er unterrichtet international eine Vielzahl von Themen, u.a. Vergleich der biblischen mit anderen Weltanschauungen, Spiritualität, Kunst, Epistemologie und Apologetik. Seine anderen Bücher sind: „Drei Weltformeln", „Vier Quellen der Erkenntnis" und „Staggering along with God – an interview biography", alle im Verlag Destinee Media erschienen.

Ellis Potter, Tusche, **Per-Ole Lind**